AF218365

El mapa de Dios: Destino y Libre albedrío, las dos caras de la moneda.

colección
TABLA
ESMERALDA

La Colección Tabla Esmeralda es mucho más que una serie de libros: es una invitación a descubrir tu poder interior y a explorar los secretos más ocultos del universo. A través de una selección exquisita de obras emblemáticas en los campos del esoterismo, la autoayuda y el pensamiento espiritual, esta colección está pensada para aquellos que buscan expandir su conciencia y comprender los misterios que han fascinado a la humanidad desde tiempos ancestrales.

Cada libro te guiará en un viaje profundo hacia el conocimiento místico y el desarrollo personal, ayudándote a desentrañar los enigmas que rodean la existencia humana y a conectar con el poder transformador de la mente y el alma. Si sientes el llamado de lo desconocido, si anhelas descubrir verdades ocultas y elevar tu ser a nuevas dimensiones, la Colección Tabla Esmeralda es el compañero perfecto en tu búsqueda espiritual.

DULCE MARÍA ALCARAZ

EL MAPA DE
DIOS:

**Destino y Libre albedrío,
las dos caras de la moneda**

ALCARAZ
EDICIONES

ÍNDICE

INTRODUCCIÓN

Desde que tengo memoria, el concepto de "destino" ha rondado mi pensamiento. Lo he sentido como una presencia silenciosa detrás de cada paso, cada decisión, cada encuentro que marcó mi vida. He visto a personas alcanzar una plenitud profunda, y a otras perderse, sintiéndose vacías a pesar de haberlo "logrado todo". Y una pregunta siempre me ha acompañado: ¿Está nuestra vida ya escrita, o somos nosotros quienes la vamos escribiendo?

Escribir sobre el destino es, para mí, un acto de fe y de búsqueda. Fe, porque creo firmemente que no estamos aquí por casualidad. Y búsqueda, porque todos, en algún momento, nos sentimos perdidos, desconectados, o confundidos respecto al rumbo que llevamos.

Creo que cada ser humano ha sido creado por Dios con amor, con intención, y con propósito. No somos el fruto del azar, ni piezas sueltas de un rompecabezas sin forma. Somos almas con una misión. Y Dios, en su infinita sabiduría, ha trazado para cada uno de nosotros un mapa invisible, pero muy real. Ese mapa es nuestro destino: una ruta hecha a medida de nuestro corazón, de nuestros dones, de lo que estamos llamados a ser.

Pero también creo que ese destino no es impuesto. Dios, en su profundo respeto por nuestra libertad, nos ha dado el don del libre albedrío. Nos ofrece el mapa, pero no nos obliga a seguirlo. Nos muestra el camino, pero no nos empuja a andar por él. Somos nosotros quienes, a cada paso, elegimos: ¿sigo el camino que Dios pensó para mí, o me alejo por mis propias rutas?

Este libro nace de esa tensión sagrada entre el plan de Dios y nuestra libertad. Quiero compartir contigo una idea simple, pero poderosa: Dios ha trazado un mapa para tu vida. Un mapa que, si lo sigues, te llevará a la plenitud, a la paz, a la verdadera felicidad. Pero también, que tú eres el caminante, el que decide cada día hacia dónde ir.

No se trata de un destino ciego, ni de una libertad sin norte. Se trata de una danza entre la voluntad divina y nuestra voluntad humana. De aprender a leer las señales, de volver cuando nos perdemos, de confiar cuando no entendemos. De caminar con fe.

A lo largo de estas páginas, te invito a reflexionar sobre tu propio camino. A descubrir si estás caminando según el mapa de Dios o si necesitas redirigir tus pasos. Y, sobre todo, a recordar que siempre, siempre es posible volver.

Deseo explorar contigo la interacción entre el destino divino y el libre albedrío humano, intentando reconciliar la idea de un plan prefigurado por Dios con la realidad de nuestras elecciones personales. A través de citas bíblicas que muestran la omnisciencia y la providencia divina, y de pensamientos filosóficos que examinan la libertad humana, se buscará entender cómo ambos aspectos pueden coexistir, y, de esa forma, ofrecer, no una respuesta definitiva a una cuestión tan profunda y compleja, sino más bien abrir un espacio para la reflexión sobre cómo los seres humanos, al ser conscientes de su libertad y de la guía divina, pueden vivir de manera más plena y responsable. En última instancia, tanto el destino como el libre albedrío son dos caras de una misma moneda, en la que la libertad de elegir no niega el plan divino, sino que lo complementa. Es en ese espacio entre lo que Dios ha trazado para nosotros y lo que nosotros elegimos hacer con nuestra vida donde se juega la verdadera esencia de la existencia humana.

CAPÍTULO 1:
El Mapa Divino

Dios como el Gran Cartógrafo

Imagina por un momento que tu vida es un vasto territorio aún por explorar. Un paisaje majestuoso, lleno de montañas que desafían tu coraje, valles donde se acunan tus silencios, senderos que invitan a la contemplación, bifurcaciones que exigen decisiones, y atajos que, aunque prometen facilidad, a menudo desvían del rumbo verdadero. Ahora imagina que, mucho antes de que abrieras los ojos por primera vez, alguien ya había trazado un mapa solo para ti. No un esquema impersonal ni un plano cualquiera, sino un mapa único, delineado con sabiduría, ternura y propósito eterno. Ese Alguien es Dios.

Desde antes del tiempo, Dios te soñó. En su corazón eterno ya habitaba tu nombre, tu historia, tus dones, tus luchas y tu destino. Antes de que respiraras, Él ya había contemplado cada paso de tu camino. Lo dice con profunda belleza el Salmo 139:16:

"Tus ojos vieron mi cuerpo en gestación: todo estaba escrito en tu libro; todos mis días se estaban diseñando, aunque no existía uno solo de ellos."

Este versículo es más que poesía: es una revelación de amor. Tu existencia no es fruto del azar ni un accidente biológico. Eres el resultado de un acto divino de intención. Tu historia fue escrita con letras de eternidad. Hay un diseño que lleva tu nombre, un plan que nace del amor del Creador, un destino pensado desde el cielo para que puedas caminar en plenitud y llegar a ser todo lo que estás llamado a ser.

Cuando Dios nos crea, no lo hace "en masa". Cada ser humano es una obra única. Como el artista que se detiene en cada trazo, así es Dios con cada vida. Él no solo nos da existencia, sino que nos da sentido.

Ser hechos "a su imagen y semejanza" (Génesis 1:27) significa que llevamos dentro de nosotros una chispa de su esencia. Y esa chispa está llamada a encender una vida con propósito. No fuimos creados solo para existir, sino para cumplir una misión: amar, crecer, servir, transformar, dejar huella.

Y como todo viaje con propósito, nuestra vida tiene una ruta ideal. Ese es el mapa de Dios. No un mapa rígido, sino dinámico; no una obligación, sino una invitación; no un laberinto, sino una guía que, si aprendemos a leerla, nos conducirá a la verdadera plenitud.

Desde los albores de la humanidad, la relación entre el destino y el libre albedrío ha sido una de las grandes interrogantes filosóficas y espirituales. Para muchos creyentes, Dios es el arquitecto supremo, el que ha trazado el mapa de nuestras vidas. Sin embargo, incluso dentro de esta visión divina, existe un espacio crucial reservado para la libertad del ser humano: la capacidad de elegir su propio camino. Es en esta encrucijada donde se manifiesta una verdad poderosa: si bien Dios puede haber diseñado el mapa, el viaje y el rumbo que tomamos en él dependen enteramente de nosotros.

El ser humano ha contemplado el cielo buscando respuestas, preguntándose si su vida está ya escrita o si cada paso es un acto libre, nacido de su voluntad. La fe cristiana sostiene que Dios es omnisciente, que conoce nuestro principio y nuestro final. Sin embargo, en ese mismo acto creador, Dios no nos hizo marionetas, sino seres dotados de libre albedrío, capaces de elegir entre el bien y el mal, entre la luz y la oscuridad. En su sabiduría infinita, Dios puede conocer todas esas rutas, e incluso sugerir cuál puede ser más provechosa o más dolorosa. Sin embargo, no impone un solo camino. Nos da, en cambio, el don del libre albedrío, una herramienta poderosa y a la vez peligrosa, que convierte al ser humano en protagonista de su propia historia.

La noción de que Dios tiene un plan para la vida de cada ser humano es un pilar fundamental en la teología cristiana y constituye una de las ideas más consoladoras y desafiantes al mismo tiempo. La Biblia no deja de hablarnos de la providencia divina, esa expresión de la sabiduría, la bondad y el amor de Dios que guía los acontecimientos del mundo y las vidas de las personas, incluso cuando no somos plenamente conscientes de ello. En pasajes como Jeremías 29:11, Dios revela a su pueblo: "Porque yo sé los pensamientos que tengo acerca de vosotros, dice el Señor, pensamientos de paz y no de mal, para daros un futuro y una esperanza." Esto nos muestra que, aunque nuestra visión de la vida esté limitada por nuestra perspectiva temporal, Dios ve el panorama completo y trabaja para nuestro bien, incluso cuando los caminos parecen inciertos o difíciles.

Esta visión cristiana del destino, sin embargo, no implica un destino predeterminado y rígido. El plan de Dios para nuestras vidas no es una cadena de eventos inmutables e ineludibles, sino una invitación abierta a caminar hacia Él, llenos de libertad y responsabilidad. En el cristianismo, el ser humano es considerado libre, con el libre albedrío necesario para tomar decisiones y colaborar en el cumplimiento del plan divino. La relación con Dios es una danza entre la voluntad divina y la humana, en la que ambos interactúan, y es a través de nuestras elecciones libres que respondemos al amor de Dios.

Este plan divino, aunque lleno de desafíos, está repleto de oportunidades y caminos por los que podemos transitar. Dios, en su infinita sabiduría, nos presenta múltiples senderos, pero la libertad para elegir es nuestra. Lo que la Biblia nos enseña, a través de la experiencia de los patriarcas, profetas y santos, es que Dios siempre está buscando nuestro bien y su gloria. Aunque nuestras decisiones puedan desviarnos del camino en momentos de debilidad, Dios nunca nos abandona. Al contrario, a lo largo de las Escrituras encontramos reiteradas muestras de su fidelidad para con nosotros, incluso cuando nosotros no somos fieles. El apóstol Pablo, por ejemplo, nos recuerda que "sabemos que a los que aman a Dios, todas las cosas les ayudan a bien" (Romanos 8:28), un recordatorio de que, incluso en las dificultades, Dios está orquestando todo para nuestro crecimiento y restauración.

La providencia divina en la que cree la teología cristiana es un acto continuo de Dios que, en su infinita sabiduría y amor, guía los eventos del mundo y de nuestras vidas, pero siempre respetando nuestra libertad. La libertad humana es fundamental en este proceso, ya que, aunque Dios tenga un plan para nuestras vidas, nos ofrece la posibilidad de participar activamente en la realización de ese plan. La Biblia, a lo largo de sus páginas, nos muestra que Dios, en su amor incondicional, ha creado al ser humano con la capacidad de elegir: la libertad no es un error ni una concesión divina, sino un regalo que nos permite colaborar con Él en la edificación de nuestra propia felicidad.

Desde el principio, la elección humana ha sido esencial en el proyecto divino. En el Jardín del Edén, por ejemplo, Dios le dio a Adán y a Eva la libertad para escoger entre el bien y el mal. Esta libertad, aunque conlleva el riesgo del mal y la caída, también es la condición necesaria para el amor genuino.

El libre albedrío está presente incluso en los momentos más trágicos: Caín no fue forzado a matar a su hermano; eligió hacerlo. Y a pesar de ello, Dios no lo abandona, sino que lo marca, lo acompaña, mostrando que aún tras una mala elección, el mapa puede redibujarse. Si no existiera la posibilidad de elegir el mal, tampoco sería posible elegir el bien por amor. En este sentido, la libertad es indispensable para la relación auténtica entre el ser humano y Dios.

El plan divino no es una fuerza que anule nuestra libertad, sino una invención amorosa que busca nuestra participación activa en la realización del bien y el propósito eterno de Dios. En el cristianismo, Dios no actúa como un titiritero que maneja los hilos de nuestras vidas, sino como un Padre amoroso que nos da la capacidad de tomar decisiones y que, a través de su gracia, nos acompaña en cada paso del camino, incluso cuando nos desviamos. Dios sabe lo que haremos, pero no nos obliga a hacer nada. Al contrario, su propósito es guiarnos con sabiduría y paciencia, invitándonos a un viaje de conversión y transformación continua.

Por otro lado, la libertad humana es un acto constante de cooperación con el amor de Dios. Aunque la salvación es un regalo que no podemos ganar por nuestros propios méritos, somos llamados a responder libremente a ese regalo. La invitación de Dios es clara: "Venid a mí todos los que estáis trabajados y cargados, y yo os haré descansar" (Mateo 11:28). Sin embargo, ese descanso y esa salvación dependen de nuestra respuesta. Dios ofrece la salvación a todos, pero no la impone. La redención no es un destino obligatorio, sino una decisión personal y libre para aceptar el amor de Dios y caminar según su voluntad.

La Biblia nos dice que Dios tiene pensamientos y planes específicos para cada uno de nosotros. Sin embargo, esos pensamientos y planes no son una condena que se impone desde fuera, sino una invitación continua que respeta nuestra libertad. Dios está constantemente presente en nuestras vidas, guiándonos, llamándonos a la conversión, y revelándonos, a través de su Espíritu, el camino de la justicia, el amor y la paz.

El propósito eterno del ser humano, tal como lo enseña la teología cristiana, no es solo una cuestión de alcanzar el bienestar temporal o material, sino de alcanzar la plenitud de vida. La vida está orientada a la restauración total de todas las cosas. Este proceso de restauración no es algo que ocurra de manera automática o sin nuestra participación. El ser humano está llamado a colaborar con Dios, transformando su vida personal y colectiva. La salvación no solo se refiere al bienestar eterno, sino también al trabajo de justicia y amor en el aquí y ahora.

La belleza de este plan divino radica en que, aunque la providencia de Dios es perfecta, está llena de oportunidades para que cada persona elija el camino del bien. Así como la historia bíblica está llena de relatos de hombres y mujeres que, a través de sus decisiones, vivieron de acuerdo con la voluntad divina, nosotros también estamos llamados a escribir nuestra propia historia.

El libre albedrío no niega la existencia de un plan divino; más bien, lo complementa. Dios puede haber puesto señales en el camino —momentos clave, oportunidades, personas que llegan a nuestras vidas— pero es responsabilidad del ser humano decidir si las sigue o las ignora. De este modo, el destino no es una sentencia inmutable escrita en piedra, sino una posibilidad dinámica que se va construyendo a partir de nuestras decisiones.

Cuando una persona toma una mala decisión, no puede culpar a Dios por ello. Decir que "era el destino" muchas veces es una forma de renunciar a la responsabilidad personal. Pero el verdadero poder del libre albedrío reside justamente en esa responsabilidad. Somos nosotros quienes, con cada acto, vamos dibujando el sendero final. Dios no nos fuerza a amar, ni a odiar, ni a construir ni a destruir. Solo nos ha dado la capacidad —y la carga— de elegir.

Este concepto tiene profundas implicaciones éticas. Si aceptamos que nuestras elecciones son nuestras y no impuestas por una voluntad divina inapelable, entonces también debemos aceptar que somos responsables de las consecuencias. La libertad sin responsabilidad es caos; pero la libertad con conciencia es la base de la evolución espiritual y moral.

La aparente contradicción entre un destino prefigurado y la libertad personal ha sido objeto de debate durante siglos. Si Dios ya sabe lo que vamos a hacer, ¿es realmente libre nuestra elección? ¿Es el ser humano simplemente un actor que sigue un guion divino, o tiene la capacidad de escribir su propia historia? Los filósofos han ofrecido diversas respuestas a esta interrogante, y pensadores tanto antiguos como modernos, han abordado el tema desde diferentes perspectivas.

El apóstol Pablo escribe en Gálatas 5:13: "Vosotros, hermanos, habéis sido llamados a ser libres." La libertad es un llamado divino, una vocación. Dios no desea esclavos del destino, sino hijos conscientes de su responsabilidad. Y en eso radica la grandeza del ser humano: en que, aunque limitado por circunstancias externas, siempre conserva la libertad interior de decidir qué actitud tomar frente a la vida.

Tomás de Aquino, el gran teólogo medieval, enseñaba que la providencia de Dios no niega la libertad humana, sino que la sostiene. Para él, Dios es como el artesano que prevé el uso del martillo, pero el martillo sigue siendo libre de golpear o no. Dios conoce todas nuestras posibilidades, pero nosotros decidimos cuál utilizar.

San Agustín, por ejemplo, sostuvo que, aunque Dios tiene un plan perfecto para el mundo, el libre albedrío del ser humano es esencial para que el amor hacia Dios y hacia los demás sea genuino. En su visión, el ser humano no está predestinado a amar o a odiar, sino que debe elegir libremente su camino.

Por otro lado, pensadores como Jean-Paul Sartre, aunque desde una perspectiva existencialista y no teológica, insistieron en que la libertad humana es absoluta y que cada ser humano es completamente responsable de las decisiones que toma, sin importar las circunstancias externas. En su opinión, no hay una estructura divina o preestablecida que guíe nuestras vidas, y, por tanto, somos los únicos responsables de la dirección que toma nuestra existencia. Este enfoque, aunque secular, plantea preguntas cruciales sobre la relación entre el destino y la responsabilidad personal.

Desde otro ángulo, Viktor Frankl, sobreviviente del Holocausto y fundador de la logoterapia, decía: "Al hombre se le puede arrebatar todo salvo una cosa: la última de las libertades humanas, la de elegir su actitud en cualquier circunstancia dada."

Así, desde la Biblia hasta la filosofía contemporánea, resuena una misma intuición: el destino puede existir, pero no nos esclaviza. Es un horizonte, no una jaula. Dios, en su amor infinito, traza un mapa lleno de señales, de promesas, de advertencias. Pero nunca toma el timón por nosotros. Nos guía, sí; nos habla al corazón, sí; pero también nos respeta profundamente. Y ese respeto se manifiesta en nuestra capacidad de elegir incluso en contra de su voluntad.

Cuando un ser humano elige el bien, cuando perdona, cuando ama sin medida, se alinea con ese mapa divino. Pero cuando elige el mal, no es Dios quien ha fallado, sino el hombre quien ha tomado un camino distinto. Aun así, en su infinita misericordia, Dios permite que siempre podamos volver. Como el padre del hijo pródigo, nos espera, no con castigo, sino con los brazos abiertos.

Por tanto, la idea de un Dios que traza el mapa no se opone a la libertad humana, sino que la habilita. Dios nos da el terreno, pero nosotros marcamos las huellas. Es en esa danza entre lo divino y lo humano donde se juega el verdadero sentido de la existencia. No hay contradicción en afirmar que Dios conoce nuestro destino y, al mismo tiempo, que somos nosotros quienes lo construimos. Porque conocer no es lo mismo que imponer, y un camino trazado no es un camino obligado.

No se trata de un destino fijado de antemano, sino de una invitación continua a caminar hacia la plenitud de la vida en colaboración con la gracia divina. Dios tiene un propósito para cada uno de nosotros, y nos ofrece libertad para tomar decisiones que nos acerquen a ese propósito. El plan divino está lleno de posibilidades, de caminos abiertos, y nosotros somos los co-creadores de nuestro destino, acompañados siempre por la presencia amorosa de Dios que nos llama a crecer, aprender y vivir conforme a su voluntad.

Vivir plenamente no significa seguir un guion, sino interpretar la obra con autenticidad. Dios nos entrega el lienzo, los colores y los pinceles. Pero el cuadro final, el que reflejará lo que hemos sido, pensado y amado, será únicamente nuestra creación.

No hay contradicción entre un Dios que conoce el destino y un ser humano que lo elige. Más bien, hay una danza sagrada entre ambos. Dios dibuja el mapa con amor, pero la travesía la hacemos nosotros, paso a paso, decisión tras decisión. Y es allí, en el cruce entre lo divino y lo humano, donde se juega el sentido más profundo de nuestra libertad.

Esta eterna discusión sobre el destino y el libre albedrío ha cautivado a filósofos, teólogos y pensadores a lo largo de la historia, siendo un tema fundamental en la comprensión de la naturaleza humana y su relación con lo divino. Desde tiempos antiguos, el hombre ha intentado entender su lugar en el universo, preguntándose si su vida está predestinada o si tiene la capacidad de trazar su propio camino. Las grandes religiones y tradiciones espirituales han afirmado que un poder superior —Dios, el Creador, o el Ser Supremo— tiene un plan divino para cada ser humano, pero, al mismo tiempo, nos ha otorgado una facultad esencial: el libre albedrío. Este poder de elegir es lo que, en última instancia, define la experiencia humana y la manera en que cada individuo responde a las circunstancias de su vida.

En la visión cristiana, el destino de la humanidad está, de alguna manera, marcado por Dios. La Biblia nos habla de un propósito divino que guía los eventos del mundo, y, en particular, de cada uno de nosotros. Sin embargo, a pesar de la omnisciencia de Dios y su plan divino, el ser humano sigue siendo libre para tomar decisiones, y en esas decisiones reside la esencia de su humanidad. El ser humano no está atado a un destino que le sea impuesto, sino que, mediante su libre albedrío, se enfrenta a la tarea de escoger su camino, moldeando su vida en función de las decisiones que toma, tanto grandes como pequeñas. Esta libertad es un don y una responsabilidad que le permite a cada individuo caminar de acuerdo a su propia voluntad, pero siempre bajo la mirada de un Dios que, aunque omnisciente, respeta esa libertad.

La metáfora del mapa: senderos, desvíos, metas

Imaginemos nuevamente nuestra vida como un gran mapa divino. Este mapa no es plano, ni simple, sino que está lleno de complejidad, profundidad y belleza, diseñado específicamente para cada uno de nosotros. No es un camino recto y uniforme, sino que tiene montañas que representan los desafíos y las pruebas que enfrentamos en la vida. Son esas dificultades que nos enseñan lecciones valiosas y nos preparan para lo que viene. Los valles, por otro lado, simbolizan esos momentos de descanso, reflexión o incluso de prueba, donde Dios nos da tiempo para recuperarnos, descansar y renovarnos. Son períodos en los que, a veces, nos sentimos más cercanos a Dios, en medio de nuestra vulnerabilidad.

Hay senderos bien marcados, rectos, llenos de luz: decisiones que nos alinean con lo que Dios sueña para nosotros. Pero también hay caminos secundarios, atajos que parecen más fáciles pero que nos alejan de la ruta original. Hay bifurcaciones en las que tenemos que decidir hacia dónde ir, y también hay puntos donde podemos detenernos, respirar y reorientarnos.

Lo hermoso es que Dios no se impacienta con nuestros desvíos. El mapa no desaparece cuando nos equivocamos. Él siempre deja abierta la posibilidad de volver, de redirigir la ruta, de comenzar otra vez desde donde estamos.

Luego están las cumbres, esas experiencias de gratitud y de victoria, en las que, desde lo alto, podemos mirar hacia atrás y ver todo lo recorrido, todas las bendiciones recibidas y las pruebas superadas.

CAPÍTULO 2:
La Visión Cristiana del Destino: El Plan de Dios

El concepto de que Dios tiene un plan para cada vida humana es uno de los pilares fundamentales de la fe cristiana, y está intrínsecamente ligado al entendimiento de la providencia divina. Jeremías 29:11 nos recuerda de manera clara y esperanzadora que, a pesar de las adversidades que podamos enfrentar, el plan de Dios para nuestras vidas está lleno de pensamientos de paz y prosperidad. Este versículo subraya que, aunque el camino de la vida no siempre sea sencillo, el propósito divino no es perjudicial, sino profundamente orientado al bien de aquellos que siguen a Dios. En la vida, puede que no siempre comprendamos por qué pasamos por momentos de sufrimiento o dificultad, pero el principio cristiano nos invita a tener confianza en que, aunque no veamos el panorama completo, todo se encamina hacia un bien mayor que solo Dios puede ver en su sabiduría infinita.

La tensión entre nuestros propios planes y los de Dios es una constante en la vida humana. Como seres humanos, tenemos deseos y metas personales, pero el plan de Dios es mucho más amplio y puede no coincidir con nuestras expectativas inmediatas. Sin embargo, al final, es en esa conformidad a la voluntad divina donde descubrimos la plenitud que buscamos, una plenitud que no depende de nuestra perfección, sino de nuestra sujeción a su propósito perfecto. Como san Agustín afirmó en sus escritos, Dios puede servirnos incluso a través de nuestras limitaciones y decisiones erradas. Él no anula nuestra libertad, sino que la integra dentro de su plan eterno.

La relación entre el destino y el libre albedrío en la teología cristiana está arraigada en la idea de que Dios, en su omnisciencia, tiene un plan perfecto para cada vida humana, pero esa perfección no anula la libertad humana. El libre albedrío es un componente esencial de la dignidad humana, y el propósito divino no sería completo sin la participación activa de la persona en la realización de ese plan. Si Dios nos creara como seres sin la capacidad de elegir, el amor y la obediencia serían vacíos, pues solo pueden ser genuinos si son elegidos libremente. La relación entre el destino y el libre albedrío en la teología cristiana se fundamenta en una profunda comprensión de la omnisciencia divina y la dignidad humana. Dios, en su infinita sabiduría, conoce todas las posibilidades y los eventos que ocurrirán en el curso de la historia humana, pero este conocimiento perfecto no impide ni anula la libertad que Él ha otorgado a cada persona. El libre albedrío es, de hecho, un componente esencial de la humanidad, pues es la capacidad de elegir lo que define a las personas como seres morales y conscientes. Sin libertad, el ser humano no podría ser responsable de sus acciones ni verdaderamente libre para buscar el bien o el mal. La verdadera libertad no radica solo en la capacidad de tomar decisiones, sino en la responsabilidad que viene con esas elecciones.

El propósito divino de Dios para la humanidad no es un destino predeterminado y rígido, sino un plan abierto y dinámico, que invita a cada individuo a participar activamente en su realización. La Providencia de Dios es como un río que guía a las aguas hacia su destino final, pero cada gota de agua (cada ser humano) tiene la libertad de seguir o no ese curso. El gran regalo del libre albedrío no se trata de una mera autonomía aislada, sino de una relación dinámica con Dios, quien, con gran respeto por nuestra libertad, nos invita a caminar con Él.

Si Dios hubiera creado a los seres humanos sin la capacidad de elegir, no solo se habrían perdido las virtudes como el amor y la obediencia, sino también la posibilidad de una relación auténtica y genuina con Él. El amor, por ejemplo, solo tiene valor si se elige libremente; de lo contrario, sería vacío, una obligación impuesta sin afecto verdadero. Al dar al ser humano la capacidad de elegir, Dios no solo lo eleva a un nivel moral superior, sino que también le otorga la dignidad de participar activamente en el cumplimiento de su voluntad.

Además, el libre albedrío también permite que la gracia divina se manifieste de una forma mucho más profunda y significativa. En lugar de obligarnos a seguir un camino predeterminado, Dios nos invita a responder libremente a su amor, y es en esa respuesta donde se da el verdadero encuentro entre la humanidad y el Creador. Este encuentro no es un acto de obediencia, sino una alianza de amor, donde Dios y el ser humano colaboran para llevar a cabo el plan divino. En última instancia, el plan de Dios y el libre albedrío humano no son opuestos, sino que se complementan, ya que el libre albedrío permite a la humanidad cooperar activamente con la voluntad de Dios y, al mismo tiempo, recibir su gracia y dirección.

Es así como, en el plan divino, la libertad humana no es solo permitida, sino valorada y respetada por Dios. La muestra más grande de la dignidad humana se encuentra en la capacidad de elegir seguir a Dios y, mediante esa decisión, ser transformado por su amor y su gracia. El libre albedrío, lejos de ser un obstáculo para el cumplimiento del plan divino, se convierte en el medio por el cual cada ser humano contribuye a la historia de salvación y participación en la creación de un mundo más pleno y justo.

Imagina a alguien que decide abrir su propio negocio. A lo largo del proceso, enfrenta dificultades económicas, dudas internas y momentos de desesperación. Sin embargo, esa persona cree que está cumpliendo con un propósito más grande, tal vez guiado por una visión de mejorar la vida de los demás. A través de su libre albedrío, toma decisiones y busca la manera de superar los obstáculos. Pero a medida que avanza en su camino, se da cuenta de que muchas de las oportunidades que ha tenido parecen ser "coincidencias" divinas: un contacto inesperado, una recomendación providencial, o incluso momentos de inspiración que lo han llevado a tomar decisiones más sabias. En este caso, el plan divino no es algo que se impone, sino que se entrelaza con las decisiones personales y las circunstancias de la vida, guiando al emprendedor a alcanzar su objetivo sin interferir con su libertad.

En el libro de Ester, se narra cómo una joven judía, Ester, se convierte en reina de Persia, un puesto que parecía inalcanzable para ella. Sin embargo, al ser una mujer de gran fe y coraje, Ester se enfrenta a un dilema: salvar a su pueblo enfrentándose al rey, o mantenerse en silencio y arriesgar la destrucción de su gente. En Ester 4:14, Mordejai le dice: "¿Y quién sabe si para esta hora has llegado al reino, y si no es para un tiempo como este?" Este versículo refleja cómo, aunque Ester pudo haber tomado la decisión de permanecer callada por miedo, su destino estuvo ligado al cumplimiento de un plan divino que la llevó a tomar una decisión crucial para salvar a los judíos. Aquí, vemos cómo el libre albedrío de Ester juega un papel fundamental en el cumplimiento del propósito divino.

CAPÍTULO 3:
La Providencia Divina y la Responsabilidad Humana

Aunque Dios tiene un plan para cada persona, la libertad humana es clave para que ese plan se realice. La responsabilidad humana está ligada a nuestra capacidad para elegir y actuar según nuestra conciencia, guiados por los principios de la fe. En este sentido, la providencia divina no anula el libre albedrío, sino que lo respeta, invitando a cada ser humano a participar activamente en la realización de su propio destino dentro del marco divino. La relación entre la providencia divina y la libertad humana es un tema profundamente enraizado en la teología cristiana, y su comprensión implica reconocer un delicado equilibrio entre la soberanía de Dios y la capacidad humana para tomar decisiones libres. Aunque Dios, en su infinita sabiduría, tiene un plan único y perfecto para cada vida humana, es crucial entender que la libertad humana es un componente esencial para que ese plan se haga realidad. Dios no se limita a guiar a la humanidad hacia su propósito de manera unilateral o sin permitirnos elegir, sino que nos da la capacidad de tomar decisiones conscientes y libres, en las que Él no solo respeta nuestra autonomía, sino que la valora profundamente.

La responsabilidad humana, entonces, está intrínsecamente ligada a nuestra capacidad para elegir. Cada decisión que tomamos, grande o pequeña, forma parte del camino que construimos en nuestras vidas, y se nos da la posibilidad de actuar conforme a nuestra conciencia, nuestros principios y nuestros valores. Si bien podemos estar influenciados por las circunstancias, la educación, o incluso los desafíos que enfrentamos, en última instancia, somos nosotros los que decidimos cómo responder a esos factores externos, guiados por la fe y la comprensión que Dios nos ofrece a través de su palabra.

En este contexto, la providencia divina no significa que el ser humano esté predestinado a actuar de una forma determinada sin libertad alguna, sino que Dios actúa con un amor paternal que nos invita a colaborar libremente con su voluntad. La providencia de Dios no entra en conflicto con nuestra libertad; por el contrario, la potencia. Dios no nos obliga ni nos dirige como marionetas, sino que nos invita a ser actores conscientes y activos en la realización de su plan. Esta participación activa es fundamental para que el propósito divino se cumpla, y se lleva a cabo en el marco de nuestra cooperación libre y personal con Dios.

Además, es importante destacar que nuestra libertad no implica que estemos aislados de la gracia divina. Aunque somos libres para tomar nuestras decisiones, Dios nunca nos deja solos en el proceso. La gracia de Dios es un compañero constante en nuestras decisiones, una fuerza que nos sostiene, nos redirige cuando nos desviamos y nos da las fuerzas necesarias para cumplir con los mandamientos divinos. Incluso en los momentos de dudas, debilidades y errores, Dios respeta nuestra libertad, pero también nos ofrece una mano de restauración a través de la misericordia y el perdón.

Este enfoque de la providencia divina hace que cada ser humano sea responsable de sus elecciones y, al mismo tiempo, lo ubica dentro de un marco de confianza en Dios. No estamos predestinados a seguir un único camino sin opciones, sino que, a través del libre albedrío, somos capaces de influir en el curso de nuestra vida y, en última instancia, en el cumplimiento del plan divino. Este plan es, por supuesto, más grande que nuestras limitaciones humanas, y aunque nuestros pasos pueden desviarse, Dios en su infinita bondad puede redirigirnos y ayudarnos a encontrar el camino correcto, siempre respetando nuestra capacidad de decisión.

Por tanto, la providencia divina no es una anulación del libre albedrío, sino que lo enriquece y lo perfecciona. Dios no impone su voluntad de manera arbitraria, sino que, al contrario, nos invita a participar activamente en la construcción de nuestra historia, tomando decisiones que, aunque libres, pueden estar alineadas con su propósito eterno. Al actuar de esta manera, el ser humano se convierte en un colaborador consciente del plan divino, cuya responsabilidad no es una carga, sino un privilegio que lo lleva a experimentar la verdadera libertad, esa que proviene de vivir en sintonía con el Creador.

Finalmente, podemos comprender que el destino que Dios tiene para nosotros no es un camino predeterminado e inmutable, sino una serie de oportunidades y desafíos en los que somos invitados a participar libremente. La responsabilidad humana implica ser conscientes de la libertad que tenemos y usarla de manera sabia y justa, para que, a través de nuestras decisiones, el plan divino no solo se cumpla, sino que sea vivido de manera plena, reflejando así la imagen de Dios en cada acción, pensamiento y decisión que tomemos.

Este entendimiento de la relación entre el destino marcado por Dios y la libertad huma-

na no solo nos ofrece una visión re
y esperanzadora de la vida, sino qu
nos llama a ser responsables con nu
cisiones. Cada elección que tomar
un impacto, no solo en nuestra vida
sino en la historia colectiva que Dios
biendo en el mundo. Por lo tanto,
caminar con confianza, sabiendo qu
libres para elegir, pero también co
en que Dios está con nosotros en ca
guiándonos hacia un futuro lleno de e
za, propósito y, sobre todo, amor divir.

El tema de la Providencia divina
bre elección ha sido motivo de profu
flexión teológica a lo largo de los siglos
de los grandes pensadores que abord
cuestión fue San Agustín de Hipona. S
bre frase: "Dios nos da los medios para
el bien, pero no nos obliga a hacer el
encierra una poderosa verdad acerca
naturaleza de la relación entre Dios y
humano. En estas pocas palabras se vislu:
el delicado equilibrio entre la soberani
Dios y la libertad humana.

La reflexión nos lleva a reconocer qu
libre albedrío es uno de los regalos más g
des que Dios ha dado a la humanidad, por
es lo que permite que nuestras acciones
gan verdadero valor moral. Si estuviérai
obligados a hacer el bien, ese bien perde

sentido; sería simplemente una consecuencia automática, no una elección auténtica. En cambio, cuando libremente decidimos actuar con amor, justicia y compasión, participamos activamente en el plan de Dios.

Pero esta libertad también implica el riesgo del mal. Muchos se preguntan: ¿por qué, si Dios es bueno y todopoderoso, permite el sufrimiento, la injusticia, el pecado? La respuesta, en parte, está en la libertad humana. Dios permite el mal no porque lo quiera, sino porque respeta profundamente nuestra libertad. Solo en ese contexto puede florecer el amor verdadero, que es siempre libre o no es amor.

En definitiva, la enseñanza de San Agustín nos recuerda que la Providencia de Dios y la libertad humana no se oponen, sino que se complementan. Dios ofrece los medios, la gracia, la guía; pero es el ser humano quien debe abrirse a esa gracia y elegir. Cada decisión que tomamos, por pequeña que parezca, es una oportunidad para cooperar con el bien y con el amor de Dios en el mundo. En este misterio de libertad y Providencia se juega el drama y la grandeza de la vida humana.

El libre albedrío se presenta como uno de los pilares esenciales de la existencia humana, y su comprensión ha sido profundamente analizada también por Santo Tomás de Aquino, quien afirmaba: "La libertad es el poder

de hacer lo que se debe hacer, o lo que no se debe hacer, pero el fin último de la libertad es elegir el bien." Esta afirmación no solo subraya la capacidad humana de elegir entre distintas opciones, sino que también orienta esa capacidad hacia un propósito moral: la elección del bien.

Desde esta perspectiva, el libre albedrío no es una simple facultad de decidir sin dirección, sino una libertad orientada, una libertad con un fin superior. El ser humano, al tener conciencia, razón y voluntad, está llamado a usar su libertad no como un fin en sí misma, sino como un camino hacia la verdad, la justicia y el amor. De ahí que nuestras decisiones, por más pequeñas que parezcan, estén cargadas de una profunda dimensión ética.

Los ejemplos cotidianos reflejan con claridad cómo esta libertad se vive en la práctica. Un estudiante que decide estudiar para un examen, aunque podría optar por no hacerlo, está ejerciendo su libre albedrío de forma responsable. No actúa solo por presión externa, sino porque reconoce que sus actos de hoy moldearán su futuro. Su elección revela una conciencia de su propia libertad y responsabilidad.

Del mismo modo, una madre que elige perdonar a su hijo tras un error, muestra cómo la libertad también implica dominio propio, compasión y amor. Ella podría reaccionar con ira o castigo, pero decide seguir el camino del perdón, porque su amor materno y sus valores personales le indican que ese es el camino más humano. Este ejemplo demuestra que la libertad no es solo "hacer lo que uno quiere", sino actuar según lo que uno cree que es correcto, incluso si eso cuesta emocionalmente.

En ambos casos, las decisiones no están determinadas por impulsos, emociones o circunstancias externas, sino por una elección libre, consciente y moralmente fundamentada. Y es precisamente allí donde se revela la grandeza del ser humano: en su capacidad de elegir el bien, de actuar con responsabilidad, y de construir su destino con base en valores.

Por lo tanto, el libre albedrío no solo es un don divino, sino también una tarea diaria. Es un llamado a ejercer nuestra libertad con sabiduría, con amor, y con la vista puesta en el bien común. En una sociedad que a menudo confunde libertad con libertinaje o con la simple satisfacción del deseo, esta visión nos recuerda que la verdadera libertad es la que se orienta hacia el bien y que cada decisión es una oportunidad para crecer en humanidad.

CAPÍTULO 4:
La Intersección entre el Destino y el Libre Albedrío

Sumerjámonos en un tema profundo y trascendental: la relación entre el destino y el libre albedrío, entre el plan divino y la libre elección humana. A primera vista, estos conceptos pueden parecer antagónicos, como si uno excluyera al otro. Si existe un destino predeterminado, ¿cómo podría el ser humano tener verdadera libertad? Sin embargo, una exploración más profunda revela que no solo no son opuestos, sino que, de hecho, pueden coexistir en una sintonía armónica, donde la libertad humana se convierte en un instrumento activo en el desarrollo del plan divino.

La cita bíblica de Eclesiastés 3:1, "Todo tiene su tiempo, y todo lo que se quiere debajo del cielo tiene su hora", nos ofrece una reflexión sobre un orden mayor que trasciende la experiencia humana. Este versículo no habla de un destino ciego ni de un determinismo absoluto, sino de una estructura de sentido, un marco en el que nuestras decisiones adquieren un propósito más grande. La sabiduría divina ha dispuesto un tiempo para cada acontecimiento y circunstancia en la vida, pero lo hace respetando nuestra libertad para elegir cómo responder a esos tiempos, cómo navegar por las estaciones de nuestra vida. Este plan divino no es una imposición rígida, sino un llamado constante a la acción humana, un recordatorio de que somos participantes activos en la realización de nuestra vida y en la historia del mundo.

Un claro ejemplo de esta dinámica se refleja en la historia de una persona que, a pesar de las múltiples dificultades que ha experimentado —ya sea el dolor de una pérdida, la pobreza, el rechazo o la lucha contra adversidades personales— elige convertirse en una fuente de bien para los demás. Esta elección no está predestinada ni impuesta desde fuera, sino que surge de un acto libre y consciente. Esta persona no se define por las circunstancias adversas que le han tocado vivir; al contrario, las transforma en un espacio de esperanza y amor, convirtiéndose en una colaboradora activa en el plan de Dios. En su acto de bondad, su destino no está determinado por las adversidades, sino por la capacidad que tiene de decidir cómo responder a ellas, tomando su vida en sus propias manos, elevando su sufrimiento hacia un propósito mayor. Su libertad, entonces, se convierte en un vehículo que le permite participar de manera plena en la obra divina.

Por otro lado, la cita de Jean-Paul Sartre, "El hombre está condenado a ser libre; porque una vez que ha sido lanzado al mundo, es responsable de todo lo que haga", aporta una perspectiva interesante sobre el libre albedrío, aunque desde una mirada secular. Sartre subraya la profundidad y la seriedad de la libertad humana. La libertad, lejos de ser un don fácil de llevar, es, en sus palabras, una carga: una carga que nos hace responsables de nuestras decisiones, de nuestras acciones y, por tanto, de las consecuencias que estas puedan tener. Ser libre implica ser responsable, no solo de los logros, sino también de las tragedias, los fracasos y las injusticias que podamos enfrentar en la vida. Esta reflexión, aunque alejada de una visión cristiana explícita, encuentra resonancia en la enseñanza cristiana, que también entiende la libertad como un don que debe ser ejercido con responsabilidad y en armonía con los principios divinos.

Esta idea se refleja perfectamente en la historia de alguien que, tras una pérdida significativa, como la muerte de un ser querido o la ruptura de un sueño, elige no rendirse, sino levantarse y seguir adelante. La tragedia que enfrenta puede ser vista como una parte del destino o como una circunstancia inevitable. Sin embargo, la respuesta personal ante ese dolor —la decisión de continuar viviendo, de reconstruir su vida y de encontrar nuevas razones para seguir adelante— es un claro ejemplo de libertad activa. Aquí, la persona no se define únicamente por lo que le ha sucedido, sino por cómo elige enfrentar lo sucedido, demostrando que, aunque el destino puede imponer dificultades, lo que verdaderamente define su vida es la forma en que usa su libertad para trascender esas dificultades.

En conclusión, la intersección entre el destino y el libre albedrío no es un cruce de caminos irreconciliables, sino una simbiosis continua y dinámica entre lo que se nos da y lo que decidimos hacer con ello. El plan divino, aunque perfecto, no es un destino fatalista que nos prive de nuestra libertad, sino una invitación constante a tomar decisiones conscientes y responsables. Dios puede tener un propósito para cada vida, un tiempo para cada cosa, pero ha querido que seamos protagonistas activos en el proceso. Nuestra libertad no niega su voluntad; por el contrario, cuando nuestra libertad se orienta hacia el bien, se convierte en aliada poderosa de su plan divino. Cada decisión que tomamos, si es hecha con amor, fe y esperanza, no solo tiene un impacto personal, sino que se convierte en una pequeña contribución a la realización del propósito eterno de Dios. Así, cada acto de libertad, por pequeño que sea, se convierte en un reflejo del amor divino, un eco de la gracia que Dios nos ofrece constantemente.

CAPÍTULO 5:
El Límite entre el Destino y nuestras decisiones

Nos introducimos ahora en una de las tensiones más profundas de la existencia humana: la que existe entre el sufrimiento inevitable y la responsabilidad personal frente a él. En otras palabras, ¿hasta qué punto lo que nos sucede está "escrito", y en qué medida somos responsables de cómo respondemos a ese dolor? Esta pregunta, cargada de realismo y espiritualidad, encuentra una poderosa guía en la cita bíblica de Romanos 8:28: "Y sabemos que a los que aman a Dios, todas las cosas les ayudan a bien, esto es, a los que conforme a su propósito son llamados."

Este versículo no niega ni minimiza la existencia del sufrimiento, sino que ofrece una perspectiva profundamente consoladora y transformadora. El sufrimiento, lejos de ser un castigo o una condena sin salida, puede ser visto como un componente de un proceso más grande que no termina en el dolor, sino que tiene el potencial de convertirse en una fuente de crecimiento personal, redención y, sobre todo, sentido. En otras palabras, el dolor no es la última palabra en la narrativa de la vida humana. En manos de un Dios soberano y sabio, incluso lo que parece una tragedia sin solución puede ser redirigido hacia un propósito divino, una oportunidad para la transformación interna. El sufrimiento, entonces, no tiene por qué ser el final de nuestra historia, sino un capítulo que puede dar lugar a algo más profundo si elegimos cómo vivirlo.

Un ejemplo especialmente revelador es el caso de un joven que, tras caer en las drogas y ver su vida desmoronada por las consecuencias de sus decisiones, decide dar un giro radical y buscar ayuda para rehacer su vida. Su sufrimiento no fue trivial ni ajeno, sino real, desgarrador y profundamente destructivo. Sin embargo, lo que convierte esta historia en un testimonio de esperanza es la capacidad del joven para decidir cambiar, para tomar control de su vida a pesar de las circunstancias que parecían haberlo determinado para siempre. Al buscar ayuda, comprometerse con la terapia y tomar responsabilidad por su proceso de sanación, este joven no solo está enfrentando sus demonios, sino también ejercitando su libertad más profunda: la libertad de reorientar su destino, de elegir la forma en que se define a sí mismo. Esta libertad, en su aspecto más esencial, es la que le da el poder de transformar su sufrimiento en una nueva posibilidad.

Este ejemplo subraya una de las ideas fundamentales del capítulo: el límite entre el destino y nuestras decisiones no es una línea fija ni definitiva, sino un punto de encuentro dinámico, donde nuestras decisiones juegan un papel esencial. Aunque no siempre elegimos lo que nos ocurre —las tragedias, las pérdidas, las injusticias— sí tenemos el poder de elegir cómo reaccionamos ante esas situaciones. Esta capacidad de respuesta, aunque a veces pueda parecer pequeña o insignificante, es precisamente lo que define nuestra humanidad. Nuestra verdadera libertad no está tanto en las circunstancias que nos afectan, sino en cómo elegimos vivir y aprender de ellas.

Además, este enfoque nos aleja de la trampa del fatalismo, esa concepción errónea de que todo está predestinado y que no hay espacio para la intervención humana. El fatalismo nos haría ver la vida como una cadena de eventos incontrolables e inevitables, donde nuestras decisiones no tienen peso. En contraste, el cristianismo, al igual que otras filosofías que valoran la libertad, nos propone una postura de madurez espiritual y emocional: reconocer que la vida no siempre es justa, pero que nuestra actitud frente a ella puede darle sentido y dirección. Esta es la diferencia entre ser un espectador pasivo de nuestras vidas y un actor activo en el drama de nuestra existencia, capaz de influir en el desarrollo de nuestra historia a través de decisiones conscientes.

Es crucial comprender que la responsabilidad humana no implica cargar con culpa ni con una autosuficiencia que niegue el apoyo divino. La verdadera responsabilidad radica en reconocer que nuestras elecciones importan, que nuestra capacidad para elegir influye en la dirección de nuestra vida y en cómo respondemos a los desafíos. Es un llamado a una esperanza activa, a no rendirse ante el sufrimiento, sino a ver cada dolor como una oportunidad para colaborar con el propósito divino, aún en medio de las pruebas más duras. Como afirma San Pablo en 2 Corintios 12:10: "Cuando soy débil, entonces soy fuerte", nos recuerda que, precisamente en los momentos de mayor fragilidad y sufrimiento, nuestra libertad y nuestra fe tienen el potencial de crecer de maneras que solo pueden ocurrir cuando nos enfrentamos a nuestras limitaciones.

Finalmente, en conclusión, este capítulo nos recuerda que, aunque el sufrimiento pueda formar parte del destino, la respuesta que damos ante él es la expresión más auténtica de nuestra libertad y responsabilidad. Al igual que el joven que elige levantarse tras caer, nuestra reacción ante el dolor y la adversidad no borra necesariamente el sufrimiento, pero le da un nuevo propósito y dirección. A través de la fe, la voluntad y el amor, cada ser humano tiene la capacidad de construir un camino diferente, de redimir lo que la vida le ha dado, más allá de las circunstancias que podrían parecer haberle sido impuestas. Así, el sufrimiento no es el fin de nuestra historia, sino el comienzo de una nueva forma de vivir, transformada por nuestras decisiones, iluminada por la esperanza y fortalecida por la gracia divina.

CAPÍTULO 6:

Grandes pensadores: La Convivencia entre el Destino y el Libre Albedrío

¿Cómo se puede entender la coexistencia de un destino marcado por Dios y la libertad humana? Si Dios sabe lo que sucederá, ¿dónde queda la verdadera libertad del hombre?

Filósofos como Leibniz y Descartes han ofrecido perspectivas que intentan resolver este enigma, sugiriendo que la omnisciencia divina no necesariamente implica la determinación absoluta de todos los eventos. Según Leibniz, la libertad humana y el conocimiento de Dios pueden coexistir en una armonía lógica: aunque Dios conoce todas las decisiones que tomaremos, la libertad radica en que nuestras elecciones siguen siendo nuestras. Desde este punto de vista, el hecho de que Dios las conozca no las hace menos libres. En otras palabras, para Leibniz, el plan divino no es una imposición, sino que se desarrolla en conjunción con las elecciones humanas, lo que permite que la libertad personal se preserve dentro del marco de la soberanía divina.

Por su parte, René Descartes también abordó la cuestión de la libertad humana en el contexto de un mundo gobernado por las leyes divinas y naturales. Para él, el libre albedrío es una manifestación de la razón humana, y aunque todo en el universo esté bajo el control de un Dios omnisciente, el ser humano sigue siendo libre dentro de las leyes de la naturaleza y la moral. En su visión, la libertad no está en conflicto con el conocimiento de Dios, sino que se manifiesta a través de la capacidad de elegir racionalmente dentro de las posibilidades que Dios ha dispuesto. Según Descartes, la verdadera libertad reside en la razón y en nuestra capacidad de tomar decisiones basadas en el entendimiento, lo que permite que nuestras acciones sean libres y responsables, incluso si están incluidas dentro de un marco divino que las prevé.

Desde una perspectiva cristiana, muchos teólogos sostienen que Dios, en su omnisciencia, tiene un conocimiento perfecto y eterno de todo lo que sucederá, pero este conocimiento no es sinónimo de determinismo. A lo largo de la historia bíblica y teológica, se ha defendido que Dios da a los seres humanos un libre albedrío genuino para elegir sus caminos, y que la libertad de decisión no está limitada por el hecho de que Dios sepa de antemano lo que elegiremos. El concepto de la "providencia divina" —que es la creencia de que Dios gobierna el universo con sabiduría y amor— no implica que los humanos sean simples marionetas de un destino inmutable, sino que nuestra libertad es un don de Dios que nos permite participar activamente en la realización de su plan eterno.

El misterio de la coexistencia entre el destino marcado por Dios y la libertad humana puede entenderse mejor no como una contradicción, sino como una interacción dinámica entre lo que Dios ha dispuesto y lo que nosotros decidimos hacer con nuestras vidas. Aunque no podemos comprender completamente la profundidad de esta relación, las Escrituras sugieren que Dios ha dado al ser humano la capacidad de elegir libremente, pero al mismo tiempo, esas elecciones no se desarrollan fuera del marco de un plan divino que trasciende nuestra comprensión. Es decir, nuestra libertad no anula la soberanía divina, sino que se integra dentro de un propósito mayor que es eterno y perfecto.

A este respecto, muchos teólogos argumentan que el destino no es una fuerza externa que nos coarta, sino que es la presencia continua de la voluntad divina, actuando en todas las situaciones de la vida humana, incluso en medio de la inquietud y el sufrimiento. Aunque Dios conoce todas nuestras decisiones, el ser humano sigue siendo el protagonista de su propia historia, en la que se le invita a elegir, a actuar, a tomar responsabilidad por sus actos, y a colaborar en la realización de ese plan divino. La clave está en que la libertad humana no está sometida a la negación del destino, sino que encuentra en él el camino perfecto para expresar su verdadera esencia.

Este entendimiento de la convivencia entre el destino y el libre albedrío ofrece una visión poderosa y esperanzadora de la vida humana: aunque no siempre comprendemos el propósito divino en su totalidad, somos libres para participar activamente en ese propósito y, al hacerlo, contribuir a su cumplimiento.

Así, podemos comprender que la libertad y el destino no son opuestos irreconciliables, sino dimensiones complementarias de una misma realidad. El destino puede entenderse como el marco general del propósito divino, mientras que el libre albedrío es el espacio sagrado donde cada persona decide cómo caminar dentro de ese marco. En esa tensión fecunda entre lo que se nos ha dado y lo que elegimos hacer con ello, se juega la grandeza y la responsabilidad de ser humanos.

CAPÍTULO 7:
Las Circunstancias Externas
y la Elección Personal

El camino del ser humano nunca se desarrolla en aislamiento; siempre está profundamente marcado por el entorno y la sociedad en la que vive. Desde el mismo momento del nacimiento, cada persona es influenciada y moldeada por factores externos que van más allá de su control: la familia, la cultura, las condiciones socioeconómicas, las oportunidades —o la falta de ellas— y, por supuesto, las experiencias más duras y desafiantes, como la violencia, el abandono, la discriminación o la exclusión. Estos elementos del entorno pueden tener un impacto decisivo en la vida de una persona, pero, a pesar de su poder, no son absolutos ni determinantes. En última instancia, la respuesta que cada individuo elige dar a su contexto es lo que define su destino.

En este escenario, entra en juego uno de los aspectos más profundos de la naturaleza humana: la libertad individual. A pesar de las circunstancias externas, cada ser humano conserva un espacio interior único en el que puede ejercer su poder de decisión. Esta libertad no siempre es fácil de alcanzar, ni siempre se presenta de manera clara, pero es en este espacio donde radica la verdadera dignidad humana. Es este espacio de libertad el que permite que, incluso en medio de las condiciones más adversas, el ser humano siga siendo capaz de decidir quién quiere ser, cómo quiere responder a las dificultades y qué tipo de vida desea construir, independientemente de los obstáculos que le haya impuesto su entorno.

Un ejemplo poderoso de cómo las circunstancias externas pueden ser decisivas, pero no absolutas, es el caso de una persona que crece en un entorno marcado por la pobreza y la violencia. Nadie elige las condiciones en las que nace. En muchos casos, estas condiciones pueden representar obstáculos insuperables para alcanzar una vida plena, con muchas puertas cerradas debido a la falta de recursos, educación, o incluso oportunidades mínimas de desarrollo personal. El dolor y las cicatrices emocionales que deja una infancia marcada por la violencia o el abandono son reales, y su impacto puede ser devastador. Sin embargo, lo que define a una persona no es únicamente el contexto en el que crece, sino cómo decide responder a ese contexto. Es en esa respuesta frente a las adversidades donde se manifiesta la verdadera libertad y fortaleza de una persona.

Este poder de elección frente a la adversidad es lo que permite que incluso en las peores circunstancias, alguien pueda transformar su historia.

Es importante destacar que, aunque el entorno tiene un peso significativo, no está destinado a definirnos completamente. Las sociedades, culturas y familias en las que nacemos tienen una influencia profunda en cómo nos vemos a nosotros mismos, en nuestras creencias, valores y comportamientos. Sin embargo, incluso cuando los factores externos son opresivos o limitantes, el ser humano tiene la capacidad de encontrar, dentro de sí mismo, el coraje y la voluntad para desafiar las expectativas impuestas por esos mismos factores. Este proceso de transformación personal, aunque a veces largo y doloroso, refleja lo que significa realmente ser libre: ser capaz de tomar decisiones conscientes y responsables, de dirigir nuestra vida hacia un propósito mayor, independientemente de las condiciones iniciales.

Además, este principio de libertad frente a las circunstancias no significa que las dificultades deban ser ignoradas o minimizadas. Al contrario, el sufrimiento y los desafíos son una parte integral de la experiencia humana, y deben ser reconocidos y abordados con la seriedad que merecen. Sin embargo, lo que importa es cómo cada individuo se relaciona con sus dificultades, cómo elige enfrentarlas y qué aprendizajes extrae de ellas. La vida nunca es un camino libre de obstáculos, pero siempre es posible elegir cómo caminar ese camino, cómo aprovechar las lecciones que nos ofrecen las dificultades y cómo, en última instancia, convertir esas lecciones en herramientas para la superación personal.

Un aspecto clave de esta reflexión es que, a medida que avanzamos, no solo nos enfrentamos a nuestra propia historia personal, sino que también somos parte de un tejido social más amplio. Las decisiones que tomamos, el cambio que buscamos en nuestras vidas, tiene un impacto no solo en nosotros, sino en los demás. Nuestra capacidad para elegir, incluso en circunstancias difíciles, tiene el poder de inspirar a otros a hacer lo mismo, a desafiar las limitaciones impuestas por la sociedad o el entorno, y a encontrar en su propio ser los recursos necesarios para construir una vida diferente.

El camino de cada ser humano está inevitablemente marcado por el entorno y la sociedad en la que nace y crece. Desde el momento de su nacimiento, cada persona es influenciada por una variedad de factores externos que modelan su vida, su visión del mundo y sus oportunidades. La familia juega un papel fundamental en los primeros años de vida, proporcionando los cimientos sobre los cuales se edifica el carácter, los valores y la identidad de una persona. A lo largo de la vida, la cultura, el sistema educativo, las normas sociales y las condiciones socioeconómicas influyen en las decisiones y las trayectorias personales. Sin embargo, no solo las circunstancias positivas o neutras marcan la vida de una persona; las experiencias de sufrimiento y dolor, como la violencia, el abandono, la pobreza o la exclusión social, también dejan una huella profunda en su ser, creando desafíos que a menudo parecen insuperables.

En este contexto, las circunstancias externas pueden ser poderosas y determinantes en el curso de la vida de una persona, pero no son absolutas ni definitivas. Aquí es donde entra en juego una de las capacidades más preciosas del ser humano: la libertad de elección. Cada persona, independientemente de las dificultades o ventajas que haya encontrado en su entorno, conserva un espacio interior de libertad en el que puede tomar decisiones conscientes sobre quién quiere ser y cómo responder a lo que le sucede. Este espacio de libertad no es una mera ilusión, sino un poder real que permite a cada individuo construir su identidad y su camino, a pesar de los condicionamientos que le impone su contexto.

Es importante reconocer que esta libertad de elección no implica que todos los seres humanos tengan las mismas oportunidades o que las circunstancias externas no influyan en gran medida en las decisiones que se toman. El entorno siempre será un factor importante y, en muchos casos, un desafío significativo. Sin embargo, la verdadera medida de una vida no se encuentra solo en los eventos externos, sino en cómo la persona elige enfrentarlos, aprender de ellos y utilizar esas lecciones para crecer. La dignidad humana se encuentra en la capacidad de, incluso cuando el destino parece estar en nuestra contra, decidir no ser definido por nuestras circunstancias, sino por nuestras respuestas ante ellas.

En conclusión, el ser humano vive inmerso en un entorno que influye profundamente en su desarrollo, pero la libertad de elección, ese espacio interior donde cada persona puede decidir cómo responder a la vida, es lo que realmente define su destino. Las circunstancias pueden poner obstáculos, pero es la capacidad de tomar decisiones conscientes y responsables lo que nos permite trascender esos obstáculos y crear una vida significativa. A través de nuestra respuesta, incluso ante el sufrimiento, podemos contribuir a una transformación personal y social, demostrando que la libertad no es simplemente la ausencia de barreras, sino la capacidad de elegir quiénes somos y qué hacemos con lo que nos ha tocado vivir.

Un ejemplo extraordinario de esto es Nelson Mandela. Pasó 27 años en prisión, privado de libertad, víctima de un sistema profundamente injusto como el apartheid. Sin embargo, al recuperar su libertad, no eligió la venganza ni el resentimiento, sino el perdón y la reconciliación. Su decisión no fue ingenua ni fácil, sino profundamente libre y consciente. Al actuar así, demostró que el ser humano tiene la capacidad de trascender su entorno, de no dejarse definir por el odio que lo rodea, sino de responder con grandeza moral.

Este tipo de ejemplos nos recuerda que la verdadera libertad no consiste en tener muchas opciones, sino en poder elegir el bien, incluso cuando parece lo más difícil. La sociedad y el entorno influyen, sin duda, y muchas veces de forma dolorosa. Pero no determinan por completo. Hay siempre, aunque sea pequeña, una brecha de libertad, un espacio sagrado donde el individuo puede decidir si reproducirá el mal que ha recibido o si, por el contrario, se convertirá en agente de transformación.

La historia humana está llena de personas que han surgido desde contextos de extrema dificultad y han elegido caminos de justicia, paz, creatividad o amor. Sus vidas nos muestran que, si bien no todos parten del mismo punto ni tienen las mismas facilidades, todos poseen dentro de sí la capacidad de elegir cómo responder. Esta elección, repetida día a día, es lo que forja el verdadero destino del ser humano.

CAPÍTULO 8:
El Amor como elección final para la redención

En el corazón de la experiencia humana y espiritual se encuentra una verdad central: el amor no es solo un sentimiento, sino una elección consciente, libre y, muchas veces, contracorriente. Cuando Jesús dice en Mateo 22:39, "Amarás a tu prójimo como a ti mismo", no está simplemente recomendando una actitud positiva o un afecto espontáneo. Está dando un mandamiento que, aunque parece sencillo, encierra una de las decisiones más exigentes y liberadoras de la vida: elegir amar incluso cuando no es fácil, incluso cuando no se siente, incluso cuando hay razones para no hacerlo. En el corazón de la experiencia humana y espiritual se encuentra una verdad profunda y transformadora: el amor no es simplemente un sentimiento que surge espontáneamente, sino una elección consciente, libre y, en muchos casos, contracorriente. El amor, en su forma más pura, no depende de las emociones cambiantes del momento ni de las circunstancias favorables, sino que se fundamenta en la voluntad decidida de hacer el bien por el otro, incluso cuando hacerlo no es fácil, ni cómodo, ni conveniente. Esta idea, aunque desafiante, es esencial para comprender la verdadera naturaleza del amor.

El amor, entonces, se convierte en una elección activa, una decisión que se reafirma día tras día, incluso en medio de la adversidad o el sufrimiento. Elegir amar es mucho más que un acto pasajero; es un compromiso que perdura a lo largo del tiempo y que se pone a prueba en las situaciones más desafiantes. En este sentido, el amor verdadero no se trata solo de sentimientos de cariño o afecto, sino de un profundo acto de voluntad. Es la capacidad de decidir bien, incluso cuando el corazón duda, de ser fiel incluso cuando el amor parece no ser correspondido o cuando las circunstancias nos empujan a la desesperanza. Este amor no siempre está basado en la reciprocidad, sino en la generosidad y en el compromiso con el bien del otro, sin importar las dificultades que puedan surgir en el camino.

La verdadera esencia del amor radica en este acto de voluntad. Se nos invita a un amor que no se limita a lo que es fácil o cómodo, sino que desafía nuestra naturaleza humana a ir más allá de los límites de nuestra comodidad, a amar incluso a aquellos que nos han hecho daño, a perdonar incluso cuando el resentimiento parece justificado. Este amor no es una reacción impulsiva a un gesto amable o a una conexión emocional, sino una respuesta consciente y deliberada que busca el bien del otro, sin importar lo que haya ocurrido en el pasado. Es en esta capacidad de amar de manera libre y desinteresada donde se encuentra la verdadera libertad humana.

Asimismo, desde una perspectiva espiritual, este amor elegido es también el camino hacia la redención personal. No hay redención verdadera sin amor, porque solo el amor tiene el poder de sanar lo roto, de reconstruir lo perdido y de dar sentido al sufrimiento. A través del amor libremente elegido, el ser humano no solo se salva a sí mismo, sino que también se convierte en instrumento de salvación para los demás.

El acto de amar, entonces, se convierte en una respuesta activa a la gracia. Dios ofrece el modelo y la fuerza, pero cada uno debe decidir si quiere amar como Cristo nos amó. Es un camino que requiere renuncias, que implica sacrificios, pero que conduce a la plenitud más auténtica del ser humano.

Este tema nos recuerda que la redención no es solo un acto divino unilateral, sino una colaboración entre la gracia de Dios y la libertad del ser humano. Y esa colaboración se realiza, sobre todo, en el amor. Amar —al prójimo, a uno mismo, a Dios— es la elección más alta, más difícil y más divina que podemos hacer. Y es precisamente en esa elección donde encontramos el camino hacia una vida verdaderamente redimida y transformada.

Es importante también recordar que el amor que Jesús nos llama a vivir no es un amor romántico ni superficial, sino un amor profundamente sacrificial. Es el tipo de amor que ve más allá de la superficie de las apariencias y que busca el bien eterno del otro. Este amor es lo que nos desafía a poner las necesidades del prójimo por encima de nuestras propias comodidades, a trabajar por la paz, la justicia y la reconciliación, aún cuando esos ideales nos lleven por caminos dolorosos. El amor , por lo tanto, no es un simple ideal abstracto, sino una realidad concreta que exige acción, que nos llama a intervenir en las realidades difíciles del mundo, a servir a los más necesitados, a luchar por la dignidad de cada persona y a perdonar incluso a quienes nos han causado daño.

El amor como elección consciente y libre es el camino hacia la redención y la verdadera liberación. Al elegir amar, el ser humano no solo transforma su vida, sino que contribuye activamente al propósito divino en el mundo, construyendo puentes entre corazones y creando una comunidad basada en la justicia, la paz y la compasión. Este amor es el reflejo más puro de la voluntad divina para la humanidad, y al abrazarlo, nos alineamos con la voluntad de Dios y nos abrimos a una vida llena de propósito, sanación y trascendencia.

El amor, entendido como elección final y suprema, es el acto humano que más se asemeja a la voluntad divina. Dios es amor (cf. 1 Juan 4:8), y al elegir amar, el ser humano entra en comunión con ese amor eterno, reflejando en su vida la imagen de su Creador. Esta capacidad de amar —y de hacerlo libremente— es, al mismo tiempo, nuestro mayor don y nuestra mayor responsabilidad. Dios no fuerza a nadie a amar; su invitación es constante, paciente, silenciosa, pero real. Y somos nosotros quienes decidimos si queremos seguir ese camino o no.

Este amor no se limita a las emociones superficiales ni a los vínculos familiares o amistosos. Es un amor que se manifiesta en la entrega, el perdón, la justicia y la compasión, incluso hacia aquellos que nos han herido. Elegir amar al prójimo, como a uno mismo, implica reconocer la dignidad del otro y comprometerse activamente con su bien. Es una decisión que, al ser tomada repetidamente, transforma no solo a quien ama, sino también al entorno, sembrando redención donde antes había heridas.

La idea de redención suele asociarse con algo que viene de lo alto, con una gracia que irrumpe y transforma la vida del ser humano. Sin embargo, esta transformación no ocurre de manera automática ni forzada: requiere la colaboración libre del individuo, y por eso, la redención es también una cuestión de responsabilidad personal. No basta con desear una vida nueva; es necesario decidirse por ella, asumir las consecuencias del pasado y comprometerse con un cambio real y sostenido.

El ejemplo de un hombre que, tras haber cometido errores graves, elige cambiar su rumbo y convertirse en un líder espiritual para los demás, ilustra con gran claridad esta verdad. Su pasado no desaparece ni se borra mágicamente, pero ya no lo define. Lo que lo define ahora es su decisión consciente de redimirse, de usar su experiencia como testimonio de superación, y de convertirse en guía para otros que también están en búsqueda de sentido y esperanza.

Este tipo de redención no se impone desde fuera. Dios ofrece la posibilidad, abre caminos, toca el corazón, pero es el ser humano quien debe dar el paso, reconocer su responsabilidad y caminar con valentía hacia una vida nueva. La grandeza de esta visión radica en que no presenta al ser humano como un simple receptor pasivo de la gracia, sino como un colaborador activo en su propio proceso de transformación.

En este sentido, la redención es también justicia: no porque se "pague" por el mal cometido, sino porque implica una respuesta sincera al daño hecho, un deseo profundo de reparar, sanar y reconstruir. Es una responsabilidad que no se limita a pedir perdón, sino que exige actuar con coherencia, perseverancia y humildad.

Además, esta transformación personal tiene un efecto expansivo: el redimido se convierte en testigo, en instrumento de redención para otros. Su historia no solo habla de su cambio, sino que se vuelve un mensaje vivo de que el cambio es posible. Que nadie está irremediablemente perdido. Que la libertad humana, guiada por la gracia de Dios, puede siempre abrir una nueva página, por oscura que haya sido la anterior.

En definitiva, este comentario nos recuerda que la redención auténtica requiere la responsabilidad personal. No es solo un regalo de Dios, sino una tarea que se asume con libertad y compromiso. Es la decisión de decir "sí" a una vida nueva, de dejar atrás la oscuridad, y de caminar —paso a paso— hacia la plenitud que Dios sueña para cada uno de nosotros.

En esta línea, San Agustín decía: "Dios que te creó sin ti, no te salvará sin ti." Esta frase resume de forma brillante la cooperación entre la acción divina y la libertad humana. Dios ofrece el perdón, el amor, las segundas oportunidades, pero el ser humano debe elegir ese camino de regreso. Redimirse es, en muchos casos, tener el valor de mirar con verdad el propio pasado y, sin negarlo ni idealizarlo, asumirlo como punto de partida para una vida nueva.

C.S. Lewis, por su parte, abordó la idea de la redención desde una perspectiva profundamente existencial y narrativa. En su obra *Mero Cristianismo*, afirma: "Cada vez que tomas una decisión, estás convirtiéndote en un tipo de persona diferente." Para Lewis, la vida es una sucesión de elecciones morales, cada una de las cuales nos forma, nos transforma y nos orienta hacia el bien o hacia el mal. Así, cuando alguien elige el bien después de haber vivido en el error, no solo se redime: reconstruye su identidad, y comienza a participar en el propósito redentor de Dios en el mundo.

Por otro lado, Viktor Frankl, psiquiatra y sobreviviente del Holocausto, escribió desde la experiencia más cruda del sufrimiento humano. En *El hombre en busca de sentido*, defendió con fuerza la idea de que incluso en las circunstancias más extremas, el ser humano conserva la libertad interior para decidir su actitud. Frankl dijo: "Al hombre se le puede arrebatar todo salvo una cosa: la última de las libertades humanas —la elección de la actitud personal ante un conjunto de circunstancias— para decidir su propio camino." Esta afirmación es especialmente relevante cuando hablamos de redención, porque subraya que siempre hay un margen de elección, y que el sentido de la vida se encuentra precisamente en asumir con responsabilidad nuestra libertad, incluso en medio de la oscuridad.

Estos tres pensadores coinciden en que la redención es una posibilidad real, pero también un desafío profundo. No se trata solo de un cambio externo, sino de una transformación interior que pasa por la elección personal, el arrepentimiento sincero, y el compromiso con el bien. El hombre que, tras sus errores, decide convertirse en líder espiritual, no está escapando de su pasado: lo está redimiendo, convirtiendo su historia rota en fuente de sabiduría y guía para otros.

En conclusión, la redención no borra el pasado, pero le da un nuevo significado. Y ese nuevo significado solo es posible cuando la persona asume su historia con libertad, responsabilidad y amor. Como decía Lewis, cada elección nos moldea. Como afirmaba Agustín, Dios salva, pero con nuestra participación. Y como enseñaba Frankl, incluso en lo peor, el ser humano puede encontrar sentido, y desde ahí, comenzar de nuevo. La idea de redención, en muchas tradiciones espirituales y filosóficas, es generalmente comprendida como una intervención divina que irrumpe en la vida humana y transforma la existencia de forma radical. Sin embargo, esta transformación no es automática ni forzada; es el resultado de un proceso de colaboración consciente entre la gracia de Dios y la libertad humana. En este sentido, la redención no solo es una obra divina que acontece sin intervención, sino que es también una cuestión de responsabilidad personal. La gracia es un don que se ofrece, pero se requiere de una respuesta activa y comprometida por parte del ser humano para que la transformación sea real y duradera.

No basta con desear una vida nueva o pedir perdón sin más; la redención exige una decisión consciente y una acción concreta. Es un compromiso de superar el pasado, reconocer las consecuencias de nuestros errores y caminar hacia un futuro diferente. En otras palabras, la redención no es un acto que elimina las huellas del pasado, sino que las transforma. Lo que marca a la persona redimida no es la falta de historia o la amnesia del sufrimiento, sino cómo decide vivir a partir de esa historia, cómo elige integrar sus errores y experiencias en su proceso de crecimiento y transformación.

Por lo tanto, la redención es un proceso profundo y personal. No se trata de un cambio superficial o de una simple reparación de los errores del pasado, sino de una transformación radical que comienza en el corazón del ser humano y se manifiesta en su vida cotidiana. Este proceso requiere de decisiones valientes, de un arrepentimiento sincero, de un compromiso con el bien y de una humildad que permita reconocer nuestras limitaciones y caminar hacia una vida nueva.

CONCLUSIÓN

El destino y el libre albedrío no son fuerzas en conflicto, sino dos elementos profundamente interrelacionados que se complementan entre sí en el viaje humano. Mientras que el destino puede entenderse como el marco dentro del cual vivimos, un plan divino que está marcado por las oportunidades, los desafíos, y las señales de crecimiento, el libre albedrío es el poder que Dios ha otorgado a cada ser humano para tomar decisiones dentro de ese marco, para elegir cómo reaccionar ante lo que nos sucede y hacia dónde dirigirnos. Este equilibrio entre lo que se nos da y lo que elegimos forma la esencia de nuestra existencia: somos seres llamados a la libertad, pero también responsables de cómo esa libertad modela nuestro destino.

Dios, en su infinita sabiduría, ha trazado un camino lleno de posibilidades y desafíos. A lo largo de nuestras vidas, nos ofrece señales, inspiraciones y orientaciones, pero nunca nos obliga a seguirlas. La divinidad, aunque omnisciente, respeta profundamente nuestra libertad y nos invita a caminar en ella, sabiendo que nuestra verdadera grandeza se encuentra en elegir con amor y responsabilidad. Es en esta libertad de elección donde reside nuestra humanidad más profunda, pues cada decisión tomada —por pequeña que sea— contribuye a la construcción de nuestro destino. No somos simples espectadores en un drama predefinido; somos los protagonistas que, a través de nuestra voluntad y nuestras acciones, vamos tejiendo el hilo de nuestra historia.

La clave, entonces, no está en esperar que el destino nos guíe ciegamente, sino en comprender que, aunque el plan divino es perfecto, la responsabilidad última sobre el camino que tomamos recae en nosotros mismos. Dios ofrece las herramientas, las oportunidades, las bendiciones, pero somos nosotros quienes, con nuestras decisiones, le damos forma a lo que experimentamos. La vida no está predestinada de forma rígida, sino que se construye constantemente a través de nuestra libertad. Es cierto que el amor divino siempre está presente, pero solo nosotros podemos abrirnos a él y dejar que influya en nuestras elecciones.

Al final, la vida humana se convierte en una sinfonía de elecciones, donde cada paso, cada acto, cada reflexión nos acerca más o nos aleja de nuestra plena realización. Somos los arquitectos de nuestra propia vida, los diseñadores de nuestro destino, y aunque ese destino se ve iluminado por la presencia constante de lo divino, la obra final siempre será nuestra. En el camino que elegimos, entonces, no solo construimos nuestro futuro, sino que también nos acercamos a la plenitud del amor y la verdad.

En este viaje de libertad y responsabilidad, no caminamos solos. La guía divina está siempre presente, esperando que cada elección, cada paso que demos, nos acerque un poco más a la realización del propósito más profundo que es el amor verdadero: el amor que se nos da y el amor que elegimos compartir con los demás. Así, entendemos que el verdadero destino no es un lugar o un estado final, sino un camino de transformación continua, donde cada elección nos moldea, nos enseña y, finalmente, nos redime.

ORACIÓN DEL ALMA CAMINANTE

Señor,
Gracias por haber soñado conmigo
antes de que yo pudiera siquiera imaginarme.
Gracias por trazar para mí un camino de luz,
incluso cuando he preferido andar en la sombra.
Hoy quiero volver.
No como quien regresa con vergüenza,
sino como quien recuerda a dónde pertenece.
Dame oído para escuchar tus señales,
y corazón para seguirlas.
Dame paciencia para cuando no entienda,
y valentía para cuando dude.
Que cada paso que dé
sea un acto de amor hacia Ti,
y hacia el propósito que sembraste en mí.
Que al final del camino,
mi vida sea un reflejo de tu voluntad,
y mi alma, un mapa abierto que otros puedan leer
y encontrar también su destino.

Gracias por permitirte este viaje. No estás solo. El Cartógrafo divino sigue a tu lado, y el mapa... sigue esperando en tus manos. Tu destino no se ha perdido. Solo está esperando que lo elijas.

**GRACIAS POR COMPRAR
ESTE LIBRO.
DESCUBRE MÁS EN
NUESTRA WEB:**